Té de tilo para el alma

Aida Santiago

Del Alma Editores PR

Te de tilo para el alma@ 2017
Autor: Aida Santiago
Edición: Del alma editores PR
Imágenes de la web
Del_alma_editores_pr@yahoo.com
Diagramación y diseño de portada: Glendalis Lugo
ISBN: Santiago, Aida E.
Té de tilo para el alma / Aida Elisa Santiago; comentarios de Glendalis Lugo; editado por Glendalis Lugo; prólogo de Noemí Cotto. - 1a ed .- Cosquín : Del Alma Editores, 2017.
ISBN 978-987-3907-99-9
Se prohíbe la duplicación, desvío, distribución o almacenamiento parcial o total del contenido de este documento en cualquier forma sin previo permiso escrito por el autor.

Té de Tilo para el alma

A mi esposo Enrique, a mis hijos Riqui, Aisha, Loren y Cindy; a mis nietos todos. Sean mis poemas de edificación en su vida.

Aida Santiago

Té de Tilo para el alma

Té de Tilo para el alma

Índice

Dedicatoria	3
Prólogo	9

Té de tilo para la vida

Silencio	13
Vida	14
Experiencia	15
Absurdo	16
Pasado, presente, futuro	17
Adelante	18
Perseverancia	19
La victoria	20

Té de tilo para el amor

Recuerdos	23
Pasión	24
Eres	25
Lo que serías	26
Recelo	27
Madrigal	28

Té de Tilo para el alma

Té de tilo para la familia

Jicotea	31
La lomita	32
Padre	33
Sembrando sueños	35
Portador de buenas nuevas	36
Acróstico	37

Té de tilo para la fe

Redención	41
Plegaria	42
Incertidumbre	43
Encarnación	44
Sostén	46

Té de tilo para la tribulación

Frustración	49
Ingratitud	50
La esperanza	51
Decepción	53
Amargura	54

Té de tilo al final de la vida

Desatino	59
Perdida	61
Ante el fracaso	63
Mariposa	64
El tiempo	65
Despedida	66
Biografía	69
Libros Publicados	71
Vitae	72

Té de Tilo para el alma

Te invito a tomar un té

Por: Nohemí Cotto Morales

Té de tilo para el alma es un manantial de sentimientos en la mente y el corazón de la escritora Aida Santiago plasmados en los versos de este poemario. El primer sorbo es un destello de luz donde el lector hará un paseo para saborear el Té de tilo para la vida.

"… No me preguntes vida el porqué de una risa/ ni la razón del llanto…"

Según te adentres en la lectura tomarás otro sorbo que calienta el alma y regala los versos de Té de tilo para el amor.

" Eres sueño, sólo un hilo/ de mi vida un vaivén..."

Para la poeta la familia representa unos de los pilares fundamentales de la sociedad, donde suelta de su interior los versos de Té de tilo para la familia.

"Mi madre tenía razón…/ ¡soy una jicotea!"

"La lomita atesora recuerdos sublimes, /mis padres, mis hijos, mi Dios, mi querer…

Proseguimos el paseo y tomamos Té de tilo para la fe. Esa fe inquebrantable que traspasa de lo terrenal a lo espiritual. Son los versos donde la autora demuestra su estrecha relación con Dios.

…" Fortalece, Señor, mi espíritu abatido, / siembra la ilusión en mis ojos solos" …

Té de Tilo para el alma

Té de tilo para la tribulación será el próximo sorbo. Encontrarás un aliciente para los sinsabores y derroteros donde nos hace ver que en la vida no todo es color de rosa.

…" La vida confunde con sus vuelcos y espinas, / en medio del amor acecha una torcedura" ...

No menos importante, este último sorbo te dejará un grato sabor a Té de tilo para el final de la vida. Te deleitarás disfrutando de los poemas ricos en experiencias vividas que unidos a los anteriores te servirán de estímulo y consejos en este caminar que se llama vida.

"cuando mi cuerpo ya no sea/

y mi alma vuelva al vacío/ ascenderá mi espíritu

hacia la eternal Presencia.

Te invito a que degustes este exquisito Té de tilo para el alma.

Té de Tilo para el alma

Té de tilo para la vida

Aida Santiago

Té de Tilo para el alma

Silencio

El silencio abruma, el silencio ampara,

la quietud ensombrece, la quietud inflama;

el dolor opaca, el dolor nos cura;

en tiempos de siembra, en tiempos que inspiran.

La soledad trae lágrimas, la soledad regocija;

en caminos de espinas, surcos que acarician,

abandono de amor que el tiempo olvida

y nos hace fuertes entre cada caída.

Vida

No me preguntes vida

el porqué de una risa,

ni la razón del llanto,

que viene de la nada.

Sólo surge del vacío

de la pena enjugada,

brota del atardecer,

brota de la mañana.

Experiencia

Al pasar los años se comprende mejor,

que todo en la vida pasa con alguna razón,

y que el eje que nos mueve gira

bajo los designios de Dios.

Mi alma se ha formado,

con soberana intención,

y el tiempo me ha enseñado

a soportar el dolor,

a seguir sin apoyo,

y apaciguar el rencor.

Absurdo

Fortalece la traición,

enaltece el perdón,

exalta el dolor,

enseña la soledad.

Engrandece el rechazo,

ennoblece el fracaso,

embellece al diamante

el más inmenso calor.

Té de Tilo para el alma

Pasado, presente, futuro

El pasado no es pasado,

su existencia vive en ti,

su huella queda impresa,

su efecto es sin fin.

El presente es un apenas,

surge y pasa, un tremor,

ya es pasado, no hay presente,

dignifica el porvenir.

El futuro ya se acerca,

está aquí y es presente

o pasado en un instante

en que se une en una vez.

Adelante

En todo camino hay escollos

difíciles de sobrepasar,

entre una conquista y otra,

siempre habrá sequedad.

La vida va siempre cuesta arriba,

pero hay veredas, llanos de paz,

entre la ansiedad y el cansancio,

encontramos pozos de saciedad.

No se amedrente tu espíritu,

habrá manos de sostén

y entre tropiezo y tropiezo,

satisfacciones a granel.

Habrá remansos y descanso,

habrá abrazos y placer

y al acercarnos al ocaso,

de sosiego un amanecer.

Perseverancia

Sigue tu ruta, sigue tu estrella,

no te detengas, sigue no más,

que al dulce amparo de la encomienda,

la vida encuentra utilidad.

Sigue tu sueño, sigue tu añoro,

no desfallezcas, busca el maná,

que en cada tropiezo que se adelante,

fortaleza crece con dignidad.

Sigue tu alma, sigue el camino,

no te desveles, confía en paz,

que el corazón se alegre en la dulce calma,

la lucha es fértil en serenidad.

La victoria

Es la victoria un poderoso aliciente,

para el que por ella ha luchado paciente,

pero es también como muchos néctares,

a veces amargos, otras agradables.

Es como el amor primero,

entre más fácil, más efímero,

o como el horizonte,

entre más bello, más distante.

Pero hay un tesoro que a todos toca,

y es la esperanza mucha o poca

de alcanzar esa victoria,

aunque sea tortuosa.

Té de tilo para el amor

Té de Tilo para el alma

Recuerdos

A la distancia veo tu rostro,
dejando un rastro de soledad,
mueven las olas dulces recuerdos,
y lleva el viento tu susurrar.

En las palmeras posa mi alma,
vanas tristezas, fútil llorar,
dulces anhelos, caricias sordas,
sombra de ayeres; complicidad.

Sobre la arena quedan las huellas,
fuente de infancia, inmensa paz,
caracolas mil rodean más sueños,
de horas felices sin ansiedad.

Pasión

Eres un laberinto
de intricadas pasiones,
que sólo el Infinito,
descifraría tus acciones.

Provocas un vaivén
de confundidos sentimientos,
ni tu inesperado desdén,
explicaría lo que siento.

Ahora te atraigo, me halagas,
luego me esquivas, me rechazas;
hoy me diriges indiferente mirada
y locamente te atraeré mañana.

Demuéstrame lo que sientes,
estabiliza tu querer, dime de tus emociones,
lo que de mí quieras… ¡eso he de ser!

Eres

Eres una gota en mi vida,

un pasaje al través,

un halo, un suspiro,

y sin ti, ya no fue.

Eres sueño, sólo un hilo,

de mi vida un vaivén,

un silencio elocuente,

una esencia en mi ser.

Lo que serías

Lo que sería el descubrimiento,

para un niño en ciernes,

o para el infortunado ciego,

contemplar el atardecer,

la abundancia en la pobreza,

el descanso en el camino,

la sonrisa entre lágrimas,

la juventud y la pasión…

La realización de mil sueños,

tantas veces idos,

estremecimientos locos,

inalcanzable ilusión;

serías a mi vida,

la experiencia primera,

de sueños añorados;

¡la dulce realización!

Recelo

Cuando la nostalgia llega

a hacerme compañía

y mi mirada refleja

el dolor del amor,

recordaré con ansias

tu mirada encendida

y el arrullo tierno,

de tu cuerpo el calor.

Añoraré entonces

cuando a mi lado absorto,

buscabas mi cuerpo,

anhelando mi amor,

se escapará un sollozo,

como postrer mensaje,

que trasciende el tiempo

suplicando perdón.

Madrigal

Quisiera atraerte aún con la mirada,

y acercar tu cuerpo distanciado de mí,

quisiera hacer míos todos tus pensamientos,

y arrancar un sentimiento amoroso de ti.

Quisiera que aparecieras cuando a solas pensando,

evoco tu recuerdo y tu mirada sedienta,

quisiera que aparecieras al dintel de mi puerta,

y me dijeras al oído que necesitas de mí.

Quisiera inspirar en tu ser lo sublime,

cual amor infinito del divino Creador,

quisiera ser ángel de hermosas virtudes,

y depositar en tus sienes mil sueños de amor.

Té de tilo para la familia

Té de Tilo para el alma

Jicotea

La niña temerosa y fea,

la joven frágil y tímida,

la mujer cohibida e insípida,

la madre absorta y triste;

todas ellas forman el escudo…

de una jicotea.

Pero bajo ese recio abrigo impenetrable,

moldeado en la piedra de cicatrices impresas,

se encuentra escondida el alma sensible

y el corazón blando…

de una jicotea.

Mi madre tenía razón…

¡soy una jicotea!

Té de Tilo para el alma

La lomita

Bendición de Dios hay en La Lomita,
desde ella se observa el poder del Creador,
en su tierra hay rastros del amor de mis padres,
y del paso de sus padres, la abnegación.

Se ve apenas delineado al horizonte,
el vasto mar y el cielo inmensamente azul,
cae sobre el palmar y las playas serenas,
la luz del ocaso y acariciante albor.

Ondulan a lo largo de la verde montaña
árboles danzantes y flores de todo color,
la brisa circunda callejas aledañas
dando al ámbito místico candor.

La lomita atesora recuerdos sublimes
mis padres, mis hijos, mi Dios, mi querer
nunca olvidaré que fue en la lomita
donde una niña se convirtió en mujer.

Té de Tilo para el alma

Padre

Te recuerdo de hierro,

te recuerdo de mármol,

alegre, dedicado,

juventud y amor.

Recuerdo tu regreso,

al atardecer cansado,

tirado en el mueble,

los ojos entornados.

Fueron tus piernas/

de marfil pilares,

fueron tus brazos,

de afán luchadores.

Hoy refleja tu rostro

el esfuerzo de una vida,

los triunfos, las pruebas,

las alegrías y penas.

Té de Tilo para el alma

Ojos de cariño,

transparentes, lúcidos,

labios de amores,

serenos y nítidos.

Sembraste semillas

de caridad y sueños,

voluntad y coraje,

honestidad y armiño.

Eres hijo, niño, joven,

esposo y hermano,

eres sobre todo padre,

¡Papi, cuánto te amo!

Té de Tilo para el alma

Sembrando sueños

Tener en la vida, un punto de apoyo,

ha sido siempre, mi constante vigía,

pues dudo a veces, cuando estoy sombría,

tener la fuerza, de seguir en porfía.

Entre todo esto, encuentro a mi paso,

que no estoy sola, pues tengo sus brazos,

y siento entonces, en mi ser la alegría,

de mis cuatro hijos, que son mi compañía.

Sus travesuras son, de mis pasos la valía,

y sus penas son, las penas mías.

Por ellos iría, toda mi vida,

sembrando sueños, de noche y día.

¡Sólo así un día, me recordarían!

Té de Tilo para el alma

Portador de buenas nuevas

Me alegra tu risa,

me alegra tu rostro,

me enternece tu alma,

me inspiras amor.

¡Qué lindo ver la alegría,

iluminar tu gesto,

y una alborada de paz,

renacer de tu yo!

Siento que mi vida

adquiere sentido,

al verte sosegado,

y extender tus brazos

con inusitado fervor.

Te quiero.

Té de Tilo para el alma

Acróstico

Detenemos la bendición de cada día,

Insistiendo en anhelos y expectativas,

Olvidamos quizás, la positiva valía,

Sostenida tras dádivas más exclusivas.

Agradezco a Dios tus pausadas ternuras,

Ungidas de amor, espontáneas y puras,

Te quieros callados, saturados de armiño,

Inocente templanza y sonrisa de niño.

Semejas al ángel que del cielo bajara,

Mensajero de paz, primicia preciada,

Obsequio sagrado que el alma halaga.

Té de Tilo para el alma

Té de tilo

para

la fe

39
Aida Santiago

Té de Tilo para el alma

Té de Tilo para el alma

Redención

Al llegar a ti sólo era un espíritu desvalido,
un ser inseguro de cristiano revestido,
otro humano más a un quizás asido,
con la sombra de la duda retumbando los oídos.

Sabía que existías, mas no te conocía,
estabas cerca de mí, y apenas te sentía,
padeciste en mi puerta en constante vigía,
tocaste mi espíritu y cambiaste mi vida.

Comenzaste, Señor, levantándome del suelo,
curando cicatrices, lavando mis pecados,
borrando la duda y sembrando la certeza,
reiniciando otra vida, contigo a la cabeza.

Gracias, Padre, por levantarme vigoroso,
por templar mi espíritu con paz y reposo,
me humillo ante ti, mi Dios Omnipotente,
porque eres real, palpable y constante.

Té de Tilo para el alma

Plegaria

Señor; ayuda mis miembros ya cansados,
y este corazón que yace deshecho,
no se pisoteen mis valores blasfemados,
ni en mi débil alma permitas el fracaso.

Fortalece, Señor, mi espíritu abatido,
siembra la ilusión en mis ojos solos,
dale esperanza a mi destino incierto,
y sobre mi camino provee tu regazo.

Cambia esta sal en miel jugosa,
templa mi desaliento con tu amor inmenso,
no dejes que claudique en el final del tiempo.

Trae, en fin, entereza ante el fracaso,
reafirma mi nobleza, lánguida un momento,
no permitas que en un suspiro mancille el ocaso.

Té de Tilo para el alma

Incertidumbre

Fe me pides, Señor, ¿cómo es posible,

si he visto la muerte cercar mi ventana?

Creer, Cristo mío, ¿cómo hacerlo,

si el temor me asalta todas las mañanas?

Si cuando atrás dirijo la mirada,

siento que la tragedia sigue mis pisadas,

y cuando de mis amados peso la secuencia,

del dolor la huella veo en sus miradas.

No temer, Jesús amado, ¿bajo qué amparo?

no llorar, Dios de misericordia, ¿con qué consuelo?

no desesperar, Cristo santo, ¿en la tardanza?

no es posible con la amargura a cuestas.

Té de Tilo para el alma

Encarnación

¡Cuánto sufriste, ¡Señor, en el madero!
¡Cuánto ofreciste, mi Dios, ¡por mi salvación!
Diste a tu Hijo, Padre, en el sudario,
ofreciste de tu Trinidad, un eslabón.

Tú, Señor, ofreces lo más amado,
nosotros en cambio, rechazamos tu bendición,
todos clavamos a Cristo diariamente,
todos añadimos vinagre a su dolor.

No sentiste en la frente la corona de espinas,
ni en el costado de la lanza el rasgón,
no sentiste en la espalda el peso del madero,
sino todo en marejada destrozando el corazón.

¡Era tu Hijo, Padre, quien sufría!
¡Era tu Ser, encarnado en el dolor!
Somos de tu Amor, la blasfemia continua,
somos de tu Hijo, de la agonía un renglón.

Té de Tilo para el alma

Si yo pudiera, Señor, ofrecerte un aliciente,

si yo pudiera, Padre, aplacar tu dolor,

¡Transformaría mi vida en inusitada ofrenda,

y seguiría tu senda con indescriptible tesón!

Té de Tilo para el alma

Sostén

No sé, Señor, si es que a veces olvidas

a tu santo pueblo que ante ti se arrodilla,

y en medio de plegarias alaba tu nombre,

y entre suspiros llora el sufrimiento del hombre.

Es posible ver cómo el justo tiembla,

y se pierde la risa del niño en la niebla,

es posible ver a la madre enajenada,

por el sufrimiento del hijo al dolor aferrada.

¡Cómo sufre tu pueblo, Señor, en la tragedia,

¡Cómo se abate señor, en las enfermedades!

¡Cómo se quebranta, Señor, ¡ten misericordia!

Levanta al enfermo, Padre, no nos desabrigues,

endereza la cerviz al que el hambre agobia,

ante el dolor de la muerte, no nos desampares!

Té de tilo en la tribulación

Té de Tilo para el alma

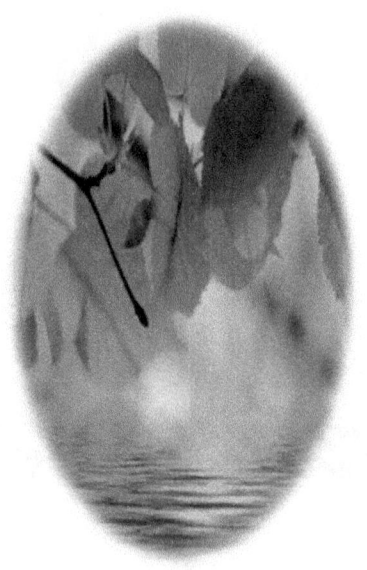

Té de Tilo para el alma

Frustración

¡Cuántas injusticias, Señor,
encuentro a mi paso,
cuántos desafueros,
desacuerdos y desdén!

Sólo a los humildes
encuentro derrotados,
sólo a los sinceros
de hinojos postrados.

La amistad es vencida,
le ahoga la ambición,
el amor desfallece,
florece la frustración.

Los de corazón sincero,
y hermosas actitudes,
lloran indefensos,
ahogando sus virtudes.

Té de Tilo para el alma

Ingratitud

La vida confunde con sus vuelcos y espinas,

en medio del amor acecha una torcedura,

y aquello que aparentaba ser todo alegría,

sigilosamente acarrea la duda.

Los trajines distraen la esencia,

los enojos opacan las risas,

la templanza a merced de la ira,

el egoísmo troncha epifanías.

La muerte llega sin ser advertida,

siempre segura, nunca propicia,

restan los empeños en la partida,

sin decir los te quiero de toda la vida.

La felicidad se nutre de besos y caricias,

compasión, perdón y complacencia,

¡esperanza y humildad trae experiencia!

Té de Tilo para el alma

La esperanza

¡Oh, qué hermoso en medio del arrepentimiento,

cuando el alma siente del tropiezo el resabio,

ver a nuestro lado con amor de hermano

a quien injustamente hemos ofendido!

Sentir que se nos escapa la felicidad lograda

luego de luchar por ella años;

y en medio del desespero hallar de súbito

el molde que retenga lo que se va entre las manos.

Ver impotentes que el amor se opaca,

cuando luchamos por engrandecerlo,

para luego sentir, apenas sin creerlo,

la dicha inmensa de descubrir un renuevo.

Querer borrar cicatrices de errores pasados,

llorando con angustia el arrepentimiento;

para con incontenible gozo percatarnos,

que nuestro Dios amado nos ha perdonado.

Té de Tilo para el alma

Doblegar nuestra voluntad porque no podemos
con el sufrimiento que nos abruma;
y de repente llegar la esperanza que levante,
con fortaleza y fe parte del peso.

Té de Tilo para el alma

Decepción

Resulta ilógico que al fin del tiempo,

cuando estás tan cerca resulte tan lejos,

sintiendo tu aliento rozar el triunfo,

apenas tocarlo puedas en impulso.

Sería un absurdo que al coger el fruto,

nuestro Dios amado tronche el camino,

cuando ansias de la victoria el gozo,

el esfuerzo, inútil se venga al suelo.

Levantarse de nuevo sería un reto,

pues el alma apenas aguanta un paso,

y la fe olvida alimentar el rezo,

de un ser que de bruces,

lucha sin descanso.

Té de Tilo para el alma

Amargura

Si sobre la faz de la tierra existiera,
una fuente de agua que pudiera borrar,
aquellas manchas que en el alma nos dejan,
los sufrimientos que el hombre debe soportar.

Acudiría a ella el mundo en caravanas,
el pobre a reprimir las ansias de su ser,
el rico a agotar de su bondad el aliento,
el traidor su esperanza de perdón sofocar.

La madre en busca del consuelo a sus lágrimas,
el padre a llorar del hijo la claudicación,
el religioso a reprobar la sombra de la duda,
y el perverso su lascivia poder amedrentar.

Iría yo entonces con mi alma perdida,
a borrar de mi vida lo que me hace llorar,
y en súbita desesperación sacaría con angustia,
la lucha incesante de valores perdidos…

la calumnia y la envidia, la muerte, la traición,

la injusticia y la maldad, el temor, la pasión.

¡Qué descanso, mi Dios! ¡Qué alivio sentiría!

¡Qué mucho de mi vida obviaría, qué poco

quedaría de mí!

Té de Tilo para el alma

Té de tilo al final de la vida

Té de Tilo para el alma

Desatino

Con el tiempo en la vida,
una evaluación es imperativa,
buscamos alguna valía,
al final de la travesía.

Alguna vez fuimos sueños,
otras recelos y calma,
la nostalgia del tiempo
se lleva siempre en el alma.

Se siembra con fervor y confianza,
se cultiva con amor y favores,
pero entre las flores,
también se enlaza la zarza.

Donde se hace el bien,
también crece la cizaña,
sin igual porción de miel, no
siempre hay bienandanzas.

Té de Tilo para el alma

Al sembrar la bondad,

consideremos el terreno,

no produzca mezquindad,

lo que surgió de algo benévolo.

No espero todo paz,

amor trae desafueros,

pero perfección en verdad,

sólo Dios es todo bueno.

Perdida

En días nublados y fríos,

ansia mi alma de mi ser los inicios,

la esencia misma de mi infancia olvidada,

volver a ser genuina como en la edad temprana.

Echar a un lado impuestos artificios,

dejar atrás requisiciones malsanas,

sanar la huella de traiciones y burlas,

tirar el empeño de gestas ingratas.

No perder mi tiempo en satisfacer exigencias,

ni entender envidias egoístas y vanas,

no ceder ante críticas hirientes e injustas,

ni la falta de aprecio a mi jornada.

Ceder rienda a reacciones espontáneas,

sin actuar conforme a cadenas,

ofrecer mi amistad a quien se me antoja,

rendirme a Dios sin temor a quejas.

Té de Tilo para el alma

Con el tiempo he renunciado a mi vida

he volteado al sucumbir mis anhelos,

la crítica mordaz ha cohibido a mi alma,

y sin denuedo pospuesto mi travesía.

Anhelo la mano tierna de mi padre sobre mi pelo,

y los brazos levantados de mi madre al recibirme,

¡Ya no existo yo, ésta no soy yo,

soy un fantasma de mi persona!

Té de Tilo para el alma

Ante el fracaso

Se siente en el ser al pasar los años,

la angustia infinita de perder el sueño,

y en cada aleteo de luchas perdidas,

el ardor candente de lágrimas caídas.

Ser tras cada tropiezo de andar a tientas,

menos fervorosos aunque a sí se mienta,

y en cada desasosiego que llevamos a rastre,

una pesada cadena aumenta como un lastre.

Se lleva la tristeza, se lleva el desengaño,

se lleva la vergüenza, se llevan los empeños,

se sufre la amargura, se sufren los temores,

se sufre el infortunio y las penas de amores.

Al final tenemos, aunque no nos guste,

la faz entumecida y el gesto triste,

el ceño fruncido y la piel reseca,

las esperanzas perdidas y el alma desecha

Té de Tilo para el alma

Mariposa

¿A dónde, mariposa, te llevas a mi niña?
¿No ves qué sola se queda la viña?
Extiendo mis brazos vacíos y sin prisa,
mi ser se queda mustio sin esa sonrisa.

Acaricia suavemente sus piecitos tiernos,
arropa con calor su cuerpecito frío, besa
su carita dulce, dale mi querer eterno,
que mi ser sin ella siente un gran vacío.

Pero tú te llevas su cuna postrera,
su soplo de vida se queda en mí plena,
te llevas la niña, tan niña y serena,
su alma en mi alma se queda gemela.

Mariposa que tomaste a mi niña, tan niña,
suplica a Dios permita un último arrullo,
que acaricie a su alma mi tibio susurro,   y
como leve brisa se enlace a mi vida.

El tiempo

El tiempo sigue su curso y no perdona,

se nota en mi cuerpo encorvado

y en mi piel ceniza,

mis senos colgados,

y el color de mi retina.

Ya las cicatrices no se notan

Son surcos sin perspectiva.

¿Adónde se fue toda una vida?

Está en mi ceño fruncido

y en la tristeza compasiva.

¿Adónde se fueron los que he amado?

¿Valdría la pena mi vida?

¡Qué mucho duelen las caídas!

Mi oración elevo a Dios,

a Él entrego lo que queda de esta vida.

Al menos tengo tu sonrisa,

sin espera de otra mía!

Despedida

Cuando mi cuerpo ya no sea

y mi alma vuelva al vacío,

ascenderá mi espíritu

hacia la eternal Presencia…

¡Y ya no estaré cansada,

y tendré nuevos bríos!

Clamaré ante el Ser Supremo

éste, un último deseo;

encontrar primero

el alma de mis padres,

el de mi hermana adorada

y hermanos queridos…

¡Y ya no estaré cansada

y tendré nuevos bríos!

Que me conceda entonces,

proteger a los míos

Té de Tilo para el alma

y en forma de serena brisa

ser su apoyo y arrullo,

ángel que les guíe

por el correcto camino…

¡Y ya no estaré cansada

y tendré nuevos bríos!

Volveré a mi Señor postrada,

agradecida y de armiño,

a hacer su voluntad sagrada,

con rubor y regocijo…

pues ¡No estaré más cansada

y tendré nuevos bríos!

Té de Tilo para el alma

Notas Biográficas

Aida Elisa Santiago Díaz, es natural del Barrio Guardarraya de Patillas, Puerto Rico. Forma parte del numeroso grupo familiar de diez y seis hijos de Don Lorenzo Santiago Padilla y Doña Flora Díaz Colón. La vida entonces era una de limitaciones y luchas. Ese origen humilde comienza desde temprana edad a formar el carácter tierno que la caracteriza. Comienza sus estudios universitarios a la edad de diez y seis años y se gradúa de Bachillerato en Artes de la Universidad de Puerto Rico, a la edad de veinte años. Recuerda cuán niña e inocente se sentía entonces y cómo esa etapa de su vida le moldeó su porvenir. Se casa con su compañero de estudios Luis Enrique Torres Rosa y se mueve a la ciudad de Arecibo. Trabaja como maestra de español en la escuela superior Dra, María Cadilla de Martínez y los barrios Santana y Miraflores de esa ciudad. Por motivos de salud regresa a su pueblo natal y se reintegra a la enseñanza del idioma autóctono en su alma máter. Es ésta la etapa más definitiva y transformadora de su vida. Se refiere a la misma en su poema "…La Lomita…", comentando "nunca olvidaré que fue en la Lomita/ donde una niña se convirtió en mujer".

Decide moverse al exterior en busca de nuevos horizontes por un periodo de tiempo, pero su regreso queda imposibilitado al huracán Hugo destrozar sus propiedades. Ha residido desde entonces mayormente en el estado de Florida, donde ha publicado dos libros; <u>Mi ángel Gabriel, mi ángel autista</u>, traducido al inglés y <u>Rezagos, memorias de mis padres.</u>

Su carrera profesional continúa en la enseñanza del español a nivel avanzado. Las experiencias como maestra la inspirarán a escribir y es de sus estudiantes de quienes recibe el mayor estímulo. Ya retirada, dedica su vida a sus mayores amores; la familia y la literatura; sin olvidar a sus amigos y lectores a quienes dice: "Dios me otorgó un don y eso quiero dar y compartir con ustedes".

Té de Tilo para el alma

Otros libros publicados por la autora

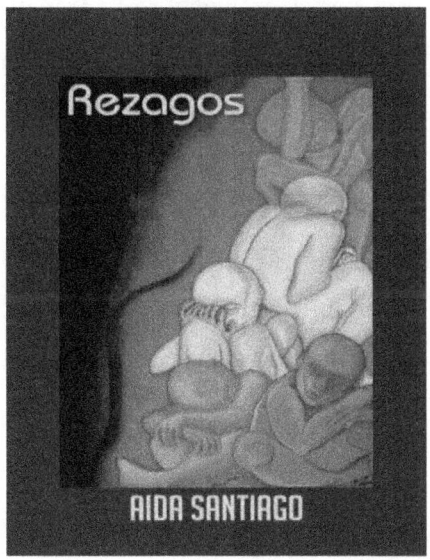

Té de Tilo para el alma

Vitae

Aida Elisa Santiago Díaz, es natural del barrio Guardarraya del pueblo de Patillas. Completa sus inicios académicos de elemental e intermedia en la escuela Manuel M. Moret; Segunda Unidad de Guardarraya. Sus estudios de escuela secundaria los acelera en dos años en la Escuela Superior Cecilio Lebrón Ramos de Patillas. Se gradúa de BA con concentración en español en la Universidad de Puerto Rico en el año 1969. Prosigue estudios post graduados en Florida Atlantic University donde obtiene su MA en Literatura Latinoamericana en el 1997. Su tesis entonces fue sobre <u>La transformación de la historia y del lenguaje en la obra de Ana Lydia Vega; presentación del puertorriqueño en sus cuentos.</u>

Su vida profesional fue siempre dedicada a la enseñanza del idioma español. Destaca entre sus créditos la enseñanza teledirigida del programa Beacon, en Lenguaje y Literatura en español avanzado en el condado de Broward, Florida en el año 2007. Ejerce como profesora TBA en Florida Atlantic University, recinto de Boca Raton, Florida durante el año 1996. Durante dos años es asignada por la 'Educational Testing Services' a viajar a San Antonio, Texas donde participa en la evaluación de ensayos sometidos por estudiantes de escuela superior para convalidar créditos universitarios de Literatura hispanoamericana.

Comienza su creación literaria con la publicación de su primer libro Mi ángel Gabriel; mi ángel autista en el 2007, con versión en inglés; seguido de su recopilación de memorias histórico- culturales Rezagos, memorias de mis padres en el 2016. Asimismo, recopila para su publicación póstuma la obra poética de su padre Flor de mi esperanza, historia de un amor en versos. Su carrera profesional y artística culmina con la actual presentación de su poemario Té de tilo para el alma.

www.ingramcontent.com/pod-product-compliance
Lightning Source LLC
Chambersburg PA
CBHW032213040426
42449CB00005B/573